Mon imagier bilingue du quotidien

n livre de Julien Suarez

illustré par Dorothée Jost

Grenouille
éditions

L'heure du lever : Time to get up

Bonjour à toi, c'est génial que tu veuilles découvrir l'anglais avec moi ! Mais nous ne nous sommes pas encore présentés :

– My name is Peter, nice to meet you! Je m'appelle Peter et je suis heureux de te rencontrer. Bienvenue dans ma chambre. Welcome in my bedroom. What's your name?

[?]

Peux-tu me dire en anglais sur quoi est assis Peter ?

Armoire
Cupboard
Table de chevet
Bedside table
Coffre à jouets
Toybox
Rideaux
Curtains
éveil
larm clock
Portemanteaux
Hatstand
Commode
Chest of drawers
Oreiller
Pillow
Lampe
Lamp
Dessins
Drawings
Livre
Book
Lit – Bed
Me brosser les dents
To brush my teeth
Aller aux toilettes
To go to the toilet
Me laver les mains
To wash my hands

Le lever

Time to get up

Le moment de s'habiller

Time to get dressed

Me brosser les cheveux

To brush my hair

Le petit-déjeuner : Breakfast time

– Ce matin, j'ai faim ! I'm hungry! Ça tombe bien c'est l'heure de se régaler. Tu veux manger et boire avec moi ? Do you want to eat and drink with me? Mais j'y pense, moi je ne prendrai pas de petit-déjeuner anglais ! Je ne veux pas manger salé si tôt, et toi ?

[?]

Que contient la théière

a) Some milk

b) Some tea

c) Some coffee

Beurre
Butter

Bol
Bowl

Café
Coffee

Confiture
Jam

Lait
Milk

Grille-pain
Toaster

Pain
Bread

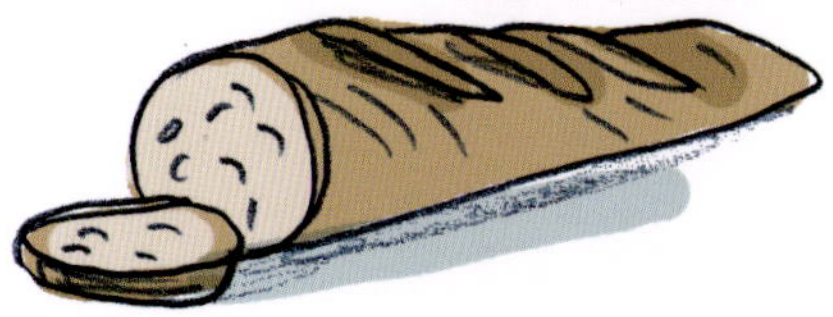

Miel
Honey

Jus d'orange
Orange juice

Thé
Tea

Céréales
Cereals

Cuillère
Spoon

Météo : Weather report

Neigeux
Snowy

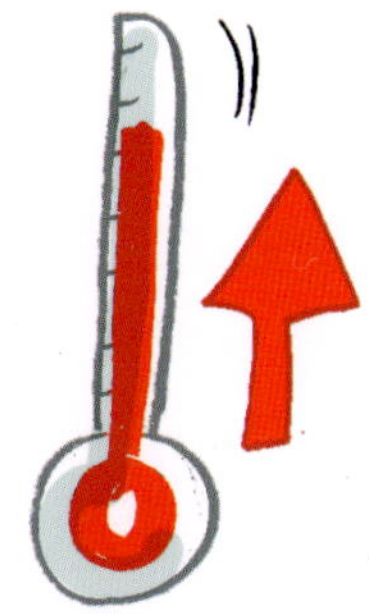

Chaud
Hot

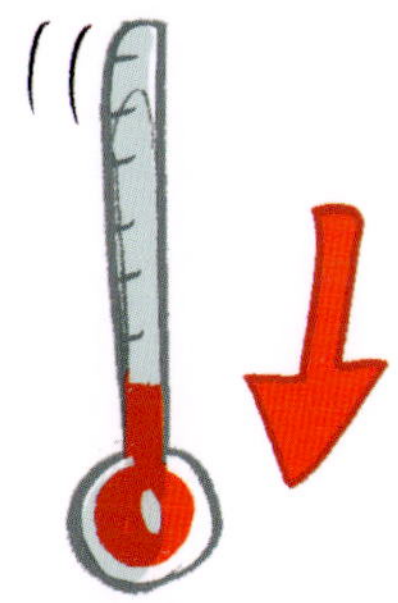

Froid
Cold

Météo : Weather report

Nuageux
Cloudy

Ensoleillé
Sunny

Pluvieux
Rainy

* Ma classe : My classroom *

– Bienvenue dans ma classe. Welcome to my classroom. Nous allons apprendre ensemble, allons-y ! Let's go!

[?]

Sais-tu dire « bonjour » en anglais à la maîtresse ?

a) Hello
b) Goodbye
c) Goodnight

My school day :
Ma journée d'école

Garçon
Boy

Chaise
Chair

Horloge
Clock

Table
Table

Le moment d'écouter une histoire
Story time

Jouets
Toys

Fille
Girl

Bureau
Desk

Se lever / S'asseoir
To stand up / To sit down

Livres
Books

Ordinateur
Computer

Maîtresse
Teacher

Tableau blanc
Whiteboard

ac
Bag

L'heure de rentrer
Time to go home

My school day :
Ma journée d'école

L'heure d'aller à l'école
Time to go to school

La récréation
Break

Le déjeuner
Lunch

* La musique et le dessin : Music and drawing *

– Tu veux qu'on apprenne les couleurs ? C'est l'heure de dessiner ! It's time to draw! After, we can play music, or sing. Après, on peut jouer de la musique ou chanter.

[?]

Dis-moi en quelle couleur tu es habillé(e) aujourd'hui.

Peinture
Paint

Papier
Paper

Colle
Glue

Pinceau
Brush

Xylophone
Xylophone

Tambour
Drum

Maracas
Maracas

Violon
Violin

Guitare
Guitar

Crayon de papier
Pencil

Crayons de couleurs
Coloured pencils

Trompette
Trumpet

Couleurs : Colours

Orange
Orange

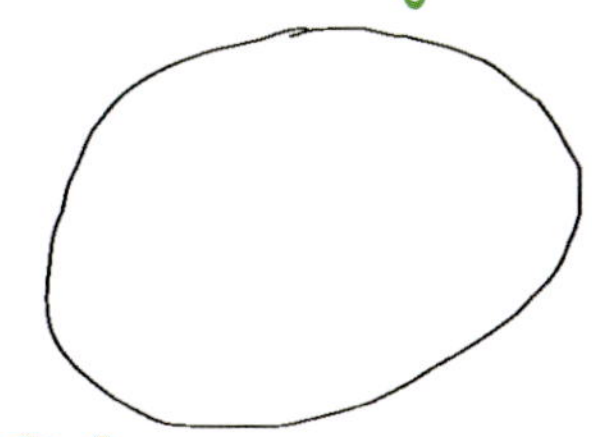

Blanc
White

Violet
Purple

Noir
Black

Couleurs : Colours

Rouge
Red

Bleu
Blue

Vert
Green

Jaune
Yellow

* Mon déjeuner : My lunch *

– Tu te souviens comment on dit « J'ai faim ! » en anglais ? Ce serait bien, car c'est l'heure d'aller à la cantine. Let's go to snack, I'm hungry. Je te présenterai Suzie et Nathan, mes amis. Ils mangeront avec nous.

[?]

Que préfères-tu manger ?

a) some vegetables
b) some meat
c) some candies

Farine
Flour

ates
Pasta

Viande
Meat

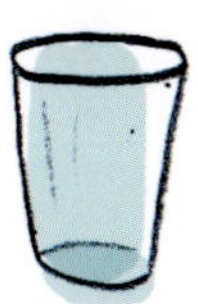

Verre
Glass

Poulet
Chicken

Haricots verts
Green beans

Pain
Bread

Petits pois
Peas

Assiette
Plate

Oeuf
Egg

Riz
Rice

Poisson
Fish

Fourchette
Fork

Un menu équilibré
A well-balanced menu

Entrée : Starter
Salade et tomates :
Salad with tomatoes

Plat : Main Course
Viande et petits pois :
Meat with peas

Dessert : Dessert
Pain et confiture :
Bread with Jam

Aliments : Food

Salade
Salad

Tomates
Tomatoes

Fromage
Cheese

Chocolat
Chocolate

* Mon corps et mes émotions : My body and my feelings *

– Je ne sais pas toi, mais moi, j'adore faire des grimaces ! Tu peux faire bouger ton nez, s'il te plaît ? Please, move your nose.

[!]

Montre-moi tes oreilles ! Sais-tu me dire où est ton menton (chin) ?

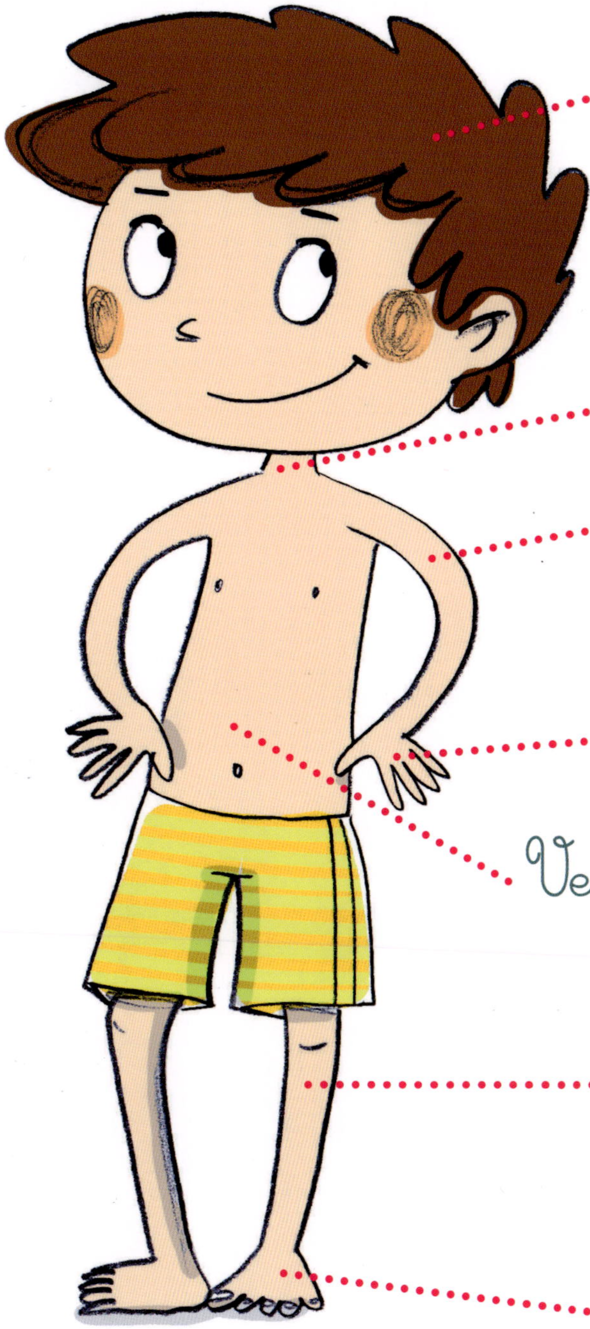

[!]
Vrai ou faux ?
Le genou est dans le bras, et le coude dans la jambe.

Mes émotions :
My feelings

Honteuse
Ashamed

Effrayée
Scared

Timide
Shy

Mes émotions : My feelings

En colère
Angry

Joyeux
Happy

Triste
Sad

* Mes jeux et mes vêtements : My games and my clothes *

– Une pause s'impose ! Allons vite jouer pour mieux digérer ! Do you want to play with dolls or with a plane? Veux-tu jouer aux poupées ou à l'avion ? J'ai aussi des puzzles et des cubes. On va s'amuser ! Let's have fun!

[?]

Quel jouet préfères-tu ?

a) a doll
b) a fire truck
c) a puzzle

Camion de pompier
Fire truck

Poupée
Doll

Petite voiture
Toy car

Cube
Cube

Ballon
Ball

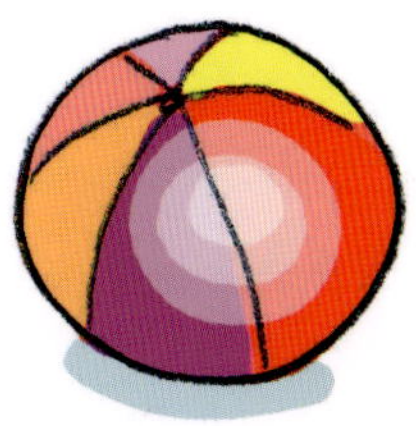

Peluche
Teddy Bear

Billes
Marbles

Dînette
Doll's tea set

uzzle
Puzzle

Legos
Legos

Avion
Plane

Summer clothes :
Vêtements d'été

Regarde les vêtements de Léa :
Swimsuit, skirt, sunglasses, sandals.

Winter clothes :
Vêtements d'hiver

Regarde les vêtements de Peter :
coat, hat, gloves, pants, boots and scarf.

* Ma famille et mes animaux : My family and my animals *

– Look, this is my family photo! Regarde la photo de ma famille ! Ici, c'est ma mère, my mother. En anglais, on dit Mum pour dire Maman. Voici mon père, my dad! Mes grands-parents : Grandma and Grandpa. Là, c'est Fiona, ma sœur, my sister.

hien
Dog

Lapin
Rabbit

Perroquet
Parrot

hat
Cat

Chiot
Puppy

Cochon d'Inde
Guinea-Pig

isson Rouge
Goldfish

Chaton
Kitten

Hamster
Hamster

Tortue
Tortoise

Souris
Mouse

Ma famille :
My family

Mon cousin
My cousin

Ma cousine
My cousin

Mon beau-père
My stepfather

Ma famille :
My family

Mon autre grand-père
My other grandfather

Mon autre grand-mère
My other grandmother

Mon frère
My brother

* Visite au zoo : Visiting the zoo *

– Let's visit the zoo. Viens, on va au zoo ! We can discover a lot of animals. On pourra découvrir plein d'animaux.

[!]
Le savais-tu ?
Les œufs d'autruche sont les
œufs les plus gros sur la Terr
Ils pèsent plus d'1 kg !

The animals of the farm :
Les animaux de la ferme

Eléphant
Elephant

Lion
Lion

Cochon
Pig

Autruche
Ostrich

Rhinocéros
Rhinoceros

Poisson rouge
Goldfish

Mouton
Sheep

Buffle
Buffalo

Vache
Cow

Tigre
Tiger

Otarie
Sea lion

Oie
Goose

Crocodile

Crocodile

Zèbre

Zebra

Singe

Monkey

* Le coucher : Bedtime *

– I'm tired! Je suis fatigué. I want to sleep. Je veux dormir.
On lit une histoire et on dort ? Demain, je t'attends dans ma chambre.
I am here to help you to learn English. Je suis là pour t'aider à apprendre l'anglais. Bonne nuit ! Good night!